차례

소리·스물아홉

담마法와 우주 학교

말한이 활 성 | 엮은이 김 용 호

고요한소리

일러두기

* 이 글은 활성 스님께서 1994년 5월 18일 서울 〈고요한소리〉, 2006년 11월 26일, 2009년 5월 2일 역경원에서 하신 법문을 중심으로 김용호 박사가 엮었다. 그리고 여기에 2025년 5월 29일 불광출판사 인터뷰 내용 일부를 실었다.
* 본문에 인용된 경은 PTS에서 간행한 빠알리 경전을 저본으로 하여 미얀마 경전을 참조하였다.

1. 부처님, 담마를 주시다

부처님, 담마를 세우시다

부처님은 누구신가? 일반적인 상식으로는 대강 이렇게 생각합니다. '부처님은 불교를 개창開創하시고, 지혜가 수승하시고, 초능력도 자유자재하시고, 절대 신보다 더 수승하신 분이다. 불교의 개조開祖이시므로 우리는 불교 신도로서 부처님을 믿고 따르고 찬탄한다.' 그렇지만 과연 부처님이 그런 분인가? 우리는 부처님에 대해 아주 상식적인 것부터 정말 제대로 된 지식인지 점검해야 합니다. 상식이란 그야말로 우리를 가장 속이기 쉬운 체계이기 때문입니다. 남들 다 그렇게 생각하니 상식을 당연하고 의심할 필요가 없는 것으로 생각하지요.

　부처님은 어떤 분이신가? 제 생각을 한마디로 말하자면, **'부처님은 우리에게 담마[Dhamma 法]를 주신 분입니다'** 담마는 진리에 대한 부처님의 가르침입니다. 또한 부처님 가르침을 통해 세상만사를 볼 경우 그때 우리에게 비추어지고 인식되는 것들을 담마라고도 합니다. 우리가 부처님을 모시는 이유는 담마를 주셨기 때문입니다. **부처님 가르침인 담마는 언어로 담아낼 수 없는 진리를 중생이 알아들을 수 있도록 언설로 체계화한 겁니다.** 부처님 이전의 사람들은 미신적이고 신앙적인 태도로 세상을 보고 있었는데, 부처님이 '눈 뜨고 정확하게 제대로 세상을 보라'고 담마를 가르쳐주신 겁니다. 우리가 담마를 배운 이후에는 맹

목적으로 세상을 살지 않게 됩니다. 부처님 담마에 의지해서 비로소 우리는 삶을 새롭게 살려는 원을 세우게 됩니다.

인류 역사상 소크라테스처럼 훌륭한 가르침을 준 큰 선지자들이 있었습니다. '너 자신을 알라'는 소크라테스의 가르침은 우리 자신의 무지를 새삼 깨닫게 해줍니다. '깊이 들어가니까 내가 아무것도 모르는구나' 이렇게 우리는 자신이 모른다는 사실을 양심에 비추어 깨닫고, 겸허한 마음으로 진리를 추구하게 됩니다. 그리하면 언젠가는 완성된 지혜에 도달할 것이라는 기대를 갖게 되지요. 소크라테스 이후 서양 철학사의 현란한 전통이 이루어집니다. 그러나 서양 철학사를 대강 둘러봐도 소크라테스에서 몇 걸음 못 나갑니다. '역시 나는 아무것도 모르는구나' 하고 끝나 버립니다. 그러니까 소크라테스에서 비롯된 서양 철학에는 완성된 법法, 담마는 없다고 봐야겠지요.

물론 소크라테스가 진리를 깨달았을지도 모릅니다. 적어도 '내가 아무것도 모른다'라고 할 때는 진리의 섬광을 본 것이 아닐까요? 안 보고서는 그렇게 통철한 자기관찰이 안 되거든요. 공자나 노자 같은 분도 또 인도의 힌두교 지도자들도 나름대로 진리를 보고 또 어쩌면 깨달았는지 모릅니다. 그러나 자기가 아는 것이나 깨달은 것을 남이 알 수 있도록 전해주는 것은 전혀 다른 이야기입니다.

부처님 담마가 나오기 전에도 인도에는 유행승도 많았고 고행자도 많았지요. 부처님 이전에도 정定은 열심히들 닦아 왔습니다. 그 사람들이 닦은 정定의 경지는 대단히 높은 경우도 많았습니다. 그러나 부처님이 말씀하셨듯이 '**바른 정定을 닦아야 바른 지혜가 나온다**'는 점에 주목해야 합니다. 그렇게 보면 그동안 인도에서 닦은 정들은 정이긴 하되 지혜를 낳는 정이었는지는 의문스럽다는 말입니다. 바른 정[正定]은 부처님이 처음으로 팔정도八正道[1]에서 제시하셨습니다. 우리가 팔정도에서 제시된 정정正定, 바른 집중을 닦음으로써 비로소 해탈·열반의 경지에 눈을 뜨고 거기에 도달하는 것이 가능하게 된 것입니다. 그전에는 바른 담마가 부재했던 것이고, 부처님이 나오셔서 비로소 바른 담마를 세우신 겁니다. '**담마에는 해탈·열반에 이르는 구체적이고 확실한 길이 있다, 그것이 팔정도八正**

---

1 팔정도八正道: 바른 견해[正見], 바른 사유[正思], 바른 말[正語], 바른 행위[正業], 바른 생계[正命], 바른 노력[正精進], 바른 마음챙김[正念], 바른 집중[正定]; 활성 스님, 소리·스물여섯 《팔정도 다시 보기》, 〈고요한소리〉 참조.

道이다' 바로 이 점이 불교의 특징이요 외도와의 차이입니다. 알다시피 이번 겁劫에 공자, 노자, 소크라테스, 예수, 마호메트 등 큰 선지자들이 각지에 나타났었지요. 그렇지만 팔정도를 걷지 않은 그 누구도 해탈·열반을 못 한다고 본다면, 그 지혜는 반쪽 지혜이고 그 가르침들은 반쪽 가르침이지요. 다시 말해 원만히 충족되지 못한 가르침입니다. 물론 나쁜 가르침, 삿된 가르침이란 뜻은 아닙니다. 삿된 것이 아니고 불완전하다는 말입니다.

부처님은 담마를 세우는 데 성공하셨습니다. 다른 성현들과 부처님의 결정적 차이는 '부처님이 우리를 해탈·열반으로 이끄는 담마를 세우셨다'는 사실에 있습니다. 부처님이 나오셔서 그동안에 인류가 도달한 지적 발전을 크게 더 진척시켜 마침내 훌륭한 반야般

若 빤냐*paññā*를 구현, 반야 바라밀을 실현할 수 있게 만들어 주셨습니다. 우리가 마침내 통쾌하게 대자유를 구가할 수 있는 담마를 만나게 됐다는 겁니다. 석가모니라는 한 인간을 기리는 것은 사실상 그렇게 큰 의미가 없을 수 있습니다. 하지만 인류 역사상 둘도 없이 위대한 가르침의 출현이라는 입장에서 보면 석가모니 부처님과 부처님의 담마가 더할 나위 없이 소중한 것입니다.

부처님, 담마를 펴시다

부처님께 한 제자가 여쭈었습니다. '부처님이시여, 부처님도 깨달은 분이시고 또 제자분들노 깨달았는데 그 차이가 무엇입니까? 부처님은 세존世尊 *bhagavā*, 응

공應供 *arahaṃ*, 정등각자正等覺者 *sammāsambuddho*, 명행족明行足 *vijjācaraṇasampanno*, 선서善逝 *sugato*, 세간해世間解 *lokavidū*, 무상사無上士 *anuttaro*, 조어장부調御丈夫 *purisadammasārathi*, 천인사天人師 *satthā devamanussānaṃ*, 불佛 *buddho* 등 여래십호如來十號로 우러르면서, 왜 해탈·열반을 이룬 부처님 제자들은 단지 아라한이라고만 부릅니까?' 거기에 대해서 부처님은 명쾌한 대답을 하십니다. '나는 없던 담마를 세우고, 쓰러졌던 담마를 일으키고, 가려졌던 담마를 밝혔다. 그래서 나는 붓다 세존이고, 나의 제자들은 내가 설한 담마에 의지해서 길을 걸어 깨달음을 성취했기 때문에 아라한이다. 그게 차이이다.'[2] 요컨대 담마를 세우신 분이 부처님이

---

2 《상윳따 니까야*Saṃyutta Nikāya* 相應部》, 55:1 〈전륜성왕경 *Cakkavattirāja sutta*〉, V; 《디가 니까야*Dīgha Nikāya* 長部》, 16경 〈대반열반경*Mahāparinibbāna sutta*〉, III, 93~94쪽 참조.

시고 그 담마에 의지해서 이익을 입은 분은 아라한입니다. 우리가 부처님 은덕을 여러 면에서 생각할 수 있습니다만, 엄밀하게 말하자면 부처님이 부처님이신 소이所以는 '법, 담마를 설하셨다'는 데 있습니다.

보통 종교에서는 신앙이 중요하지요. 하지만 불교에서는 담마가 중요합니다. 부처님 가르침인 담마를 아는 것이 불교를 아는 것입니다. 불교는 담마입니다. 담마에 대한 이해가 없으면 불교를 안다고 할 수 없고, 믿는다고 할 수도 없습니다. 부처님이 이루신 대각大覺, 큰 깨달음은 우리 범부들이 정진해서 도달할 수 있는 차원의 것이 아닙니다. 우리는 구경지究竟智 *aññā*를 얻어서 열반을 성취할 따름이지, 부처님과 같은 아뇩

다라삼먁삼보리[3]를 이루는 게 아닙니다. 아뇩다라삼
먁삼보리는 부처만 누릴 수 있는 최상 지혜의 경지입
니다. 우리는 부처님의 지혜에 의지해 공부하여 해탈·
열반까지 도달할 수는 있습니다. 그래서 아라한은 될
수 있지요. 하지만 아라한이 됐다고 해서 부처와 동격
의 경지에 이르는 것은 아닙니다. 왜냐하면 부처님은
담마를 세우신 분이고, 담마를 설해주신 분이고, 우리
는 그 담마에 의지해서 한 걸음씩 나아가는 존재이기
때문입니다. 아라한까지는 많은 사람이 갈 수 있는데,
담마를 만들어서 펴는 일은 한 겁의 중생 중에서 딱
한 분의 부처가 나와서 하시는 겁니다. 이것이 부처와

---

3 아뇩다라삼먁삼보리: 빠알리어는 아눗따라삼마아삼보디*anuttara-sammāsambodhi*이다. 아뇩다라삼먁삼보리는 산스크리트어 아눗따라아삼먁삼보디*anuttarāsamyaksaṃbodhi*를 음사한 표현으로 무상정등각無上正等覺을 의미하며 〈반야심경〉 등 대승 경전에도 쓰이고 있음.

담마와의 특수한 관계성입니다.

　석가모니 부처님은 전생에 보살[4]이었을 때 과거불인 연등불燃燈佛로부터 수기受記를 받고 공부를 이루어서 해탈·열반을 하실 수 있게 되었습니다. 이때 바로 열반에 들었으면 아라한으로 끝났을 텐데, 그분은 특별한 원력을 세웠기에 부처가 되셨습니다. 그런데 담마는 성·주·괴·공成住壞空의 법칙에 따라서 인류의 종말과 더불어 사라집니다. 연등불의 담마도 언젠가는 멸하는데, 담마가 없는 세상이 되었을 때 부처님 당신이 담마를 세워서 중생들이 담마의 혜택을 계속 누릴 수 있

---

4 보살菩薩 Bodhisatta, (산스크리트어로는 Bodhisattva): 빠알리 경전에서 보살이라는 말은 깨달음을 얻기 전까지의 부처를 이른다. 여기서 말하는 보살은 대승 경전에서 말하는 보살이 아니고, 깨달음이라는 이상理想 또는 사성제에 관한 지혜[보리 Bodhi]를 추구하는 데 열중하고 있는 사람이라는 뜻이다. 이런 의미에서 이 말은 깨달음을 추구하는 모든 사람에게 적용될 수 있다.

도록 하겠다고 발원하셨던 겁니다. 부처는 담마를 세운다는 점에서 아라한이나 보살과 엄연히 구분됩니다.

사실 부처님이 금생에 보여 주신 모든 수행 과정은 중생들에게 모범으로 보여 주기 위해 펼쳐 보이신 것입니다. 부처님이 어렸을 적 부왕을 따라 농경제農耕祭에 갔을 때 우연히 초선初禪에 든 것은 금생의 노력으로 이룬 게 아니거든요. 그건 전생의 결과가 나타난 것입니다.[5] 사실 부처님은 길고 긴 세월을 계속해서 법력을 닦고 지혜를 가다듬어 오셨습니다. 그러한 소식을 전해주는 경經이 《자아따까Jātaka[本生譚]》[6]입니다. 보살로서 윤회를 한 부처님의 전생 이야기를 담은 것이

---

5 《맛지마 니까아야Majjhima Nikāya, 中部》, 36경 〈마하 삿짜까 경 Mahāsaccaka sutta〉, I, 246쪽 참조.

6 《쿳다까 니까아야Khuddaka Nikāya 小部》, 《자아따까Jātaka 本生譚》 참조.

지요. 만중생을 제도하기 위해서는 진리를 깨닫는 것만 가지고는 안 되고, 그 진리를 어느 시대 어느 중생이든, 그들의 다양한 근기에 맞춰 이해하게끔 설할 수 있어야 합니다.

'내가 아는 것을 말해도 저 사람이 못 알아듣네, 그럼 할 수 없지.' 그렇게 접어버린다면 한낱 지식인이지 부처는 아니거든요. 모르는 게 중생 아닙니까? 그 못 알아듣는 중생들이 알아듣도록 만들기 위해 보살이 필요하고 부처가 필요한 겁니다. 담마를 펴는 것이 부처의 일입니다. 그러려면 부처님 당신은 많은 중생 경험을 필요로 합니다. 축생은 어떤 사정인가? 천상의 신들은 어떤 사정이고, 지옥 중생은 또 어떤가? 그리고 인간이라두 어린애는 어떻고, 어른은 어떠히며, 남자는 어떤 사정이 있고, 여자는 또 어떤 사정이 있고,

왕자가 되면 어떤 사정이며, 부자가 되면 어떤 사정이고, 가난한 자는 또 어떤 사정인가? 부처님은 이렇게 골고루 다 경험해 보신 분이어서 상대의 마음을 알고 그에 알맞게끔 가르침을 설하실 수 있었습니다.

그래서 부처님은 능히 열반에 드실 수 있는 입장이었음에도 열반을 보류한 채, 온갖 경험을 하면서 중생의 구석구석을 다 맛보신 겁니다. 이게 부처님의 원력행이고, 보살행이지요. 전생에 열반에 들지 않고 '다음 겁에 부처 되겠다'는 원을 세우시고 의도적으로 다양한 경험과 보살행을 해오신 분이 보살입니다. 그런데 대승불교에 오면 보살의 개념이 변합니다. 관세음보살, 지장보살, 대세지보살 등 부처가 가지고 있는 공덕의 다양한 구현체로서 어떤 슈퍼맨들, 중생 구제의 갖가지 방편을 쓰면서 대 자비행을 베푸는 위대한 분들이라는 뜻을 갖게 됩니다. 원래 뜻이 변한 겁니다.

부처님은 당신께서 깨달으신 후, 왜 45년간 인도의 그 무더운 길 수천 리를 맨 발로 다니시면서 사람들에게 가르침을 베푸셨던가? 그건 오로지 하나, 담마를 가르치시기 위해서였습니다. 듣는 사람의 근기와 인연에 따라서, 그때그때 장소에 따라서, 그 사람에게 가상 설실한 담마를 적절히 전해주시려고 45년 동안 멀고도 먼 길을 걸어 다니신 겁니다. 인도 성지순례를 가보신 분들은 알겠지만 가도 가도 길이 참 멀고 황량하지요. 또 얼마나 덥습니까? 후에 아소카<i>Asoka</i> 대왕(기원전 3세기)이 가로수를 심어 땡볕 길을 면할 수 있게 해준 것이 그분의 특별한 공덕이 될 정도입니다. 부처님은 그 먼 땡볕 길을 45년간 맨발로 행각 하시면서까지 담마를 설하셨습니다.

부처님이 고행림에서 6년 고행하신 건 물론 대단한 일입니다. 그렇지만 그 무엇도 45년을 길 위에서 담마를 설하신 데에는 비할 바가 아닙니다. 이미 해탈·열반을 성취하신 부처님이 무슨 연유로 눈멀고 귀먹은 중생들에게 담마를 설하시려고 그 무더운 길에서 그렇게 애를 쓰셔야 했을까요? 그것은 목전의 한 사람에게 담마를 전하기 위해서만이 아니었습니다. 멀고 먼 뒷날까지 모든 인류에게 담마를 전해주시기 위함이었습니다. 부처님이 담마를 세우실 때 어느 한 장소에서 집대성하고 끝내버린 게 아닙니다. 담마를 완벽하게 다듬기 위해서 45년의 각고가 필요하셨던 것입니다.

만중생에 통하는 담마

담마를 세우는 과정이 쉬울 리가 없습니다. 비근한 예로 여러분도 애들 키워 봐서 알 겁니다. 애들이 부모의 생각과 전혀 다른 길을 걸을 때, 마음대로 가르칠 수 있습디까? 그렇듯이 부처님 당신이 아시는 진리를 미욱한 중생이 알아듣도록 가르친다는 것은 참 어려운 일입니다. 그래서 부처님도 처음 가르치실 때는 신통력을 가끔 쓰시기까지도 하셨지요.

하지만 신통력처럼 위험한 게 없어요. 신통력이란 사람들을 현혹시키고 맹목적으로 추종하게 만들 위험성이 크니까요. 바로 그 맹목성은 불교가 지향하는 지혜의 개발괴는 정반대 빙향입니다. 일껏 사람들에게 진리를 가르친다고 해놓고 맹목적인 인간을 만들어 버리면 어떻게 되겠어요? 역효과 아니겠어요? 그래서 부처님이 신통력에 의지하지 않고 보편법인 담마를 세우기 위해 노력하십니다. 담마를 완성해 나갈수록 신통력을 쓸 필요가 줄어들기 때문에 후기로 갈수록 신통력 사용 횟수는 당연히 줄어듭니다.

부처님은 진리를 사성제四聖諦로 체계화하는 일을 진작에 하셨습니다. 부처님이 맨 처음 설하신 〈초전법륜경〉[7]에 보면 중도中道, 팔정도八正道, 사성제四聖諦가 나옵니다. 그런데 인간들이란 게 원체 복잡다단하고 묘한 존재들이라, 사성제를 보더라도 전생에 공부가 많이 된 사람은 빨리 알아듣는데, 금생에 법法, 담마

---

7 《상윳따 니까야야*Saṃyutta Nikāya*, 相應部》, 56:11 〈초전법륜경 *Dhammacakkappavattanasutta*〉, V; 《초전법륜경》, 활성 스님 해설·감수, 백도수 옮김, 〈고요한소리〉(2024) 참조.

를 처음 접한다든지 외도 사상에 물든 사람들은 알아 듣기 힘들겠지요. 엉뚱한 오해도 할 수 있겠지요. 모든 중생이 두루 납득하고, 부작용도 없고, 그래서 원만하게 담마를 따르도록 하기 위해서는 어떻게 할 것인가? 말하자면 구체적으로 담마를 어떻게 세울 것인가? 부처님이 이 문제를 가지고 참으로 고심하지 않으셨나, 저는 그리 생각합니다.

그처럼 부처님은 필생의 노력을 기울여서 마침내 담마를 완성하십니다. 담마는 부처님이 하루아침에 만드셨다기보다, 그때그때 경우에 따라, 부딪히는 상황에 따라 다각도로 설하시면서 45년에 걸쳐 만드신 겁니다. **처음도 좋고 중간도 좋고 끝도 좋다는 그 법法, 완**

벽하게 좋은 담마Dhamma를 만드십니다.[8] 이 완벽성이
란 부처가 없고 선지식이 없을지라도 담마 자체의 힘
으로 능히 유지 존속될 수 있고, 꺼질 만하면 되살아
나고 되살아나 계속해서 만중생에게 담마의 소식을
전해줄 수 있는 그러한 단계를 말합니다. 그래서 부처
님은 이제 안심하시고 승가에게 '자, 이 담마가 내가
너희들에게 주는 유산이다. 이걸 잘 받아 지녀서 담마
의 상속자가 되라'[9] 하시면서 당신은 열반에 드십니다.
그처럼 부처님은 시공을 초월하여 만중생에 통하는
담마를 유산으로 주셨습니다.

---

8 《상윳따 니까야Saṃyutta Nikāya, 相應部》, 55:7 〈웰루드와라에 사
  는 자들 경Veḷudvāreyya sutta〉, V, 352쪽; 《맛지마 니까야Majjhima
  Nikāya, 中部》, 91경 〈브라흐마아유 경Brahmāyu sutta〉, II, 133쪽.

9 《맛지마 니까야Majjhima Nikāya, 中部》, 3경 〈법의 상속자 경
  Dhammadāyāda sutta〉, I, 12~13쪽; 활성 스님, 소리·열셋 《우리 시대
  의 삼보》, 〈고요한소리〉 참조.

2. 담마와 존재계

담마와 존재계

한 세상에 한 보살이 숱한 재생 경험을 거쳐 부처가 되고 나서도 크나큰 정성을 쏟아부어 담마*Dhamma*의 바퀴를 굴리는 이유는 무엇일까? 왜 그토록 엄청난 정성을 기울일까? 그것은 한 마디로 담마가 존재계를 지탱하기 때문입니다. 존재를 지탱하고 세상을 지탱하는 것이 담마라는 말입니다. 담마가 존재계를 지탱한다는 것은 무슨 뜻인가? 과학에서는 대개 힘으로 설명합니다. 물리학에서는 힘과 에너지, 이것이 삼라만상을 지탱하고 온갖 중생을 발현시키는 원동력이라고 합니다.

불교의 관점에서 보면 그 힘과 에너지는 행行, 상카아라sankhāra[10]입니다. 행은 힘, 에너지와 관련된 것입니다. 힘이 모이면 작용이 일어나고 흩어지면 무력해지지요. '힘이 모여서 짓는 것이 제행諸行, 상카아라sankhārā입니다.' 따라서 힘과 에너지는 행의 영역에 속하는 것입니다. 하지만 과학과는 달리 불교에서는 제행을 궁극적 원인이나 지탱자로 보지 않습니다. 왜냐하면 무명無明이라는 제행의 원인이 따로 있기 때문입니다. 제행의 근본 원인이 무명이라는 말입니다. 역설적으로 말해 존재계를 유지·지탱하는 것은 무명이라는 말이 되는 셈입니다.

인간은 일반적으로 어떤 부모를 만나 태어나고 아

---

10 활성 스님, 소리·스물다섯 《상카아라行와 담마法》,〈고요한소리〉
참조.

무개라는 이름을 얻고, 어떤 학교를 다니고, 어떤 방식으로든 사회생활을 하고, 누굴 만나 결혼하고, 자식 낳고, 부모 노릇하고 그러다가 늙어서 죽습니다. 그게 삶의 전부인가? 그런 식으로 살면서 누구나 열심히 살았다는 말을 하지요. 그러나 대부분은 '열심히 산다'는 게 제행을 극대화시키는 방향으로 가고 맙니다. 이런 삶은 담마와 정반대 방향으로 간다는 뜻입니다. 담마와 무관한 인간들만이 사는 세상이라면 이를 우주가 떠받쳐 주어야 할 의미가 과연 있을까요.

결론부터 먼저 말한다면 사람다운 사람이 사는 세상을 지탱하고 존재를 지탱하는 것은 힘이나 행이 아니라 담마입니다. 이 말은 제행이 극대화되어 세상이 퇴락하지 않도록 담마가 세상을 보호한다는 것으로 이해돼야 합니다. 부처님 담마는 지구상에서 일정 기간 지속하다가 어떤 시기가 도래하면 마침내 사라지게 됩니다. 담마가 사라지면 우주에서 인간도 그 존재가치가 없어집니다. 담마 없이 존재하는 인간은 우주적인 낭비이므로 〈기세경Aggañña sutta〉[11]에서 보듯이, 담마가 사라지는 날 인류도 사라진다고 하겠습니다. 그 사라짐은 역사에서 어느 한 사상이 사라지는 정도가 아니라 인류의 생존 기반을 이루는 세계world 전체가 통째로 무너진다는 뜻입니다.

담마가 사라지면 세계도 공空으로 돌아갑니다. 이것이 불교에서 보는 인간 역사요, 세계의 역사입니다. 다시 말해 담마는 인간과 세계의 생성 소멸에 직접적으로 관련되는 근원적인 요인입니다. 그래서 담마, 법이

---

11 《디이가 니까야야Dīgha Nikāya 長部》, 27경 〈기세경Aggañña sutta〉, III 참조.

보배입니다. 불교에서 불보佛寶·법보法寶·승보僧寶를 삼보三寶라고 부르는 이유도 여기에 있습니다. **불교의 시선으로 보면 담마가 나옴으로써 인간은 비로소 사람이 되고, 담마를 실천함으로써 비로소 참사람[眞人]이 됩니다.**

그러면 담마가 쇠락의 길을 밟는 것은 왜일까요? 중생들은 불법을 접하면서도 중생적 욕구는 계속 추구하려 듭니다. 그 결과 담마가 중생들의 욕구를 채우는 기복적 장치로 변질됩니다. 불교 역사를 보더라도 불교는 불자가 많아지면서 오히려 쇠락했습니다. 이게 역설입니다. 불교가 흥하면서 불법은 쇠퇴해 버렸습니다. 불교가 시절 인연을 만나서 성할 때 약속이나 한 듯이 담마의 변질이 발생합니다. 말하자면 불교가 흥성할수록 역설적으로 담마는 곁으로 밀려나 버립니다.

담마는 중생심과 상반되는 것, 달리 말해 제행諸行
과는 상반되는 것이어서, 담마가 일껏 흥하여 정점을
지나면 제행이 치성해져 다시 담마를 잠식해 들어갑니
다. 그래서 인류는 다시 윤리 도덕이 땅에 떨어진 야만
상태로 돌아갑니다. 이러기를 무수히 거듭해 왔고, 앞
으로도 그럴 것입니다. 과거불이 설하셨던 담마는 과
거세의 소멸과 함께 사라졌습니다. 담마가 성하다가
변질되어 사라졌을 것입니다. 과거세에 연등불 같은
부처들이 나와 담마가 성했을 텐데, 성하다 보니 변질
되어 망했고, 담마가 망하니 세상도 망했습니다.

하지만 세계가 사라진다는 것이 욕계欲界 중생 즉,
천·인·아수라·축생·아귀·지옥의 육도六道 중생 대부
분이 다 사라진다는 것이지요. 하물며 색계色界, 무색
계無色界 같은 정定의 세계는 결코 사라질 수 없어서

삼계三界¹²는 존속하며 중생계에는 각기 수명대로 살

---

12 3계三界

3계 三界 *Tiloka*	26천① 二十六天 *Chabbī =suñideva -loka*					
		무색계 無色界 *Arūpaloka*			비상비비상처천 非想非非想處天 *Nevasaññānāsaññāyatanā devā* 무소유처천 無所有處天 *Ākiñcaññāyatanā devā* 식무변처천 識無邊處天 *Viññāṇañcāyatanā devā* 공무변처천 空無邊處天 *Ākāsānañcāyatanā devā*	
		범천계 梵天界 *Brahma- loka*	색계 色界 *Rūpa -loka*	4선 四禪 *Catuttha -jjhāna*	색구경천 色究竟天 *Akaniṭṭhā devā* 선견천 善見天 *Sudassī devā* 선현천 善現天 *Sudassā devā* 무열천 無熱天 *Atappā devā* 무번천 無煩天 *Avihā devā*	오정거천 五淨居天 *Suddhāvāsā devā*
					무상유정 無想有情 *Asaññasattā* 광과천 廣果天 *Vehapphalā devā*	
				3선 三禪 *Tatiya -jjhāna*	변정천 遍淨大 *Subhakiṇhā devā* [=*Subhakiṇhā devā*] 무량정천 無量淨天 *Appamāṇasubhā devā* 소성천 少淨天 *Parittasubhā devā*	
				2선 二禪 *Dutiya -jjhāna*	광음천 光音天 *Ābhassarā devā* 무량광천 無量光天 *Appamāṇābhā devā* 소광천 少光天 *Parittābhā devā*	
				초선 初禪 *Paṭhama -jjhāna*	대범천② 大梵天 *Mahābrahmā devā* 범보천 梵輔天 *Brahmapurohitā devā* 범중천 梵衆天 *Brahmapārisajjā devā*	
			욕계 천상 欲界 天上 *Kāma -deva*	욕계 欲界 *Kāmaloka*	타화자재천③ 他化自在天 *Paranimmitavasavattī devā* 화락천 化樂天 *Nimmānaratī devā* 도솔천④ 兜率天 *Tusitā devā* 야마천 耶麻天 *Yāmā devā* 삼십삼천⑤ 三十三天 *Tāvatiṃsā devā* 사천왕천 四天王天 *Cātumahārājikā devā*	
					인간 人間 *Manussa*	
					아수라 阿修羅 *Asura*	타악처⑥ 墮惡處 *Apāya* (=*Vinipāta*)
					축생 畜生 *Tiracchāna*	
					아귀 餓鬼 *Peta*	
					지옥 地獄 *Niraya*	

아가는 중생들이 존재할 것입니다. 이렇듯 존재는 계속될 것이고, 담마 또한 나타났다 사라지기를 계속할 것입니다. 담마가 사라지면 어두운 무명세계가 계속되고 그러다 또 대 원력 부처가 나와서 담마를 설하면 다시 존재세계가 찬연한 빛을 냅니다. 그러다 다시 제행

---

① 《맛지마 니까아야 *Majjhima Nikāya* 中部》, 41경 〈사알레이야까 경 *Sāleyyaka sutta*〉, I, 289쪽; 《장부》의 영역자 엠 오 시 월슈M. O'C. Walshe의 《장부》(PTS) 서문 참조. ② 불교에서 인정하는 것은 아니지만, 인도 전통에서는 대범천을 창조주라고 함. 《디가 니까아야 *Dīgha Nikāya* 長部》, 1경 〈범망경 *Brahmajāla sutta*〉, I, 18쪽; 11경 〈께왓다 경 *Kevaddha sutta*〉, I, 220쪽. ③ 마아라*Māra*(욕계 우두머리)의 영역. ④ 지족천知足天이라고도 함. ⑤ 도리천忉利天, 제석천帝釋天, 삭까천이라고도 함. ⑥ 《디가 니까아야 *Dīgha Nikāya* 長部》, 16경 〈대반열반경 *Mahāparinibbāna sutta*〉, II, 93쪽; 《쿳다까 니까아야 *Khuddaka Nikāya* 小部》, 〈뻬따왓투빠알리 *Petavatthupāli*〉, 게송 793-795.

※ 여기서 주목할 점은 색계정에서는 천天을 바로 이야기하는 데 반해 무색계정의 경우에는 처處 āyatana가 반드시 들어간다는 점이다. 아아야따나는 처處 또는 입入이라 한역되는데 이 번역들은 상想의 개입을 가리키고 있다는 것이다.

이 극성해지면서 담마는 사라지게 됩니다. 담마가 사라지면 담마가 지탱해 주던 존재세계도 수축하게 됩니다. 이처럼 우주법계는 시공의 윤회를 간단없이 연연상속 이어갑니다.

담마의 순환 주기설

인도에는 '말법末法 시대'라는 말이 있지요. 처음엔 왕성했다가 세월이 지나면서 차차 쇠퇴해서 말법이 되어 나중에는 사라진다는 겁니다. 이런 인도식 사고로 보면 역사가 흘러갈수록 담마는 쇠퇴합니다. 하지만 불교는 쇠퇴 일변도의 직선적 사고는 안 합니다. 오히려 불교는 시작도 없고 끝도 없다는 윤회적 사고에 바탕을 두고 있습니다.

흥미롭게도 미얀마를 포함하여 남방불교 일각에서는 석가모니 담마의 순환 주기를 5천 년으로 보는 전통이 있습니다. 이런 입장은 이론의 여지가 있습니다만 이 전통에 따르면 5천 년 동안 석가모니 담마가 직선적으로 쇠퇴일로로 시종하는 게 아니라, 그 절반인 2천5백 년을 하강하고는 다시 상승 국면으로 돌아선다고 합니다. 지난 2천5백 년간의 흐름은 부처님 담마에 대한 인식이 점차 약해져 왔다는 겁니다. 그러다가 어느 시점에서 다시 부처님 담마에 대한 인식이 높아진다고 하는데, 그게 향후 2천5백 년 간이라고 합니다. 전반기에는 쇠퇴했다가 후반기에서는 부처님 담마가 다시 융성해진다고 봅니다. 마침내는 석가모니 부처님과 인연이 있는 모든 중생이 다 해탈·열반에 들고, 그 사람들이 모두 해탈·열반하고 나면 마침내 불법시대가 끝납니다. 그러면 석가모니 부처님과 인연이 없는 중생들은 다음 부처 시대를 기약하게 됩니다.

연등불이 나오시면 연등불의 담마가 서고 석가모니 부처님이 나오시면 석가모니 담마가 섭니다. 그 담마들은 일정 기간 동안 존속하다가 사라집니다. 담마가 끝나면 자연 세계는 공空으로 돌아가지만, 인간은 색계 2천으로 올라가서 머물게 되지요. 성·주·괴·공의 다음 사이클이 다시 기동되어 지상에 담마가 펼쳐질 만큼 여건이 성숙되면, 또 새로운 담마의 시대가 시작되는 거지요. 요컨대 지금 이 시대에 여기서 살고 있는 우리는 석가모니 부처님 담마와 인연이 있는 중생들이라고 하겠습니다.

석가모니 담마가 5천 년 순환 주기를 가지고 있다고 하면, 금년이 불기 2550년(서기 2006년)이니까 반이 지났습니다. 그래서 우리가 사는 이 시점은 부처님 담마가 다시 상승하는 시점에 해당합니다. 우리는 이제 막 상승 국면으로 들어서기 시작한 겁니다. 담마의 주기가 하나의 나선형적인 순환이라고 보면, 석가모니 담마는 이제 비로소 상승으로 돌아서는, 또는 상승하려고 꿈틀거리는 국면에 해당하리라 봅니다.

매사가 일어나는 데는 반드시 어떤 조건이 갖춰져야 합니다. 부처님 담마의 핵심은 연기緣起이니, 담마가 망하는 것도 원인이 있어 망하고, 흥하는 것도 원인이 있어서 흥한다고 볼 수 있습니다. 오늘날, 이 시점에서 부처님 담마가 흥한다면 무조건 흥하는 게 아니라, 흥할 조건이 무르익어야 합니다. 제가 보기에는 바야흐로 부처님 담마가 흥할 여러 가지 조건이 성숙해 가고 있습니다. 그래서 불교 역사에 대한 남방의 추정이 과히 어긋나지 않겠다는 생각이 듭니다.

불기佛紀 2500년(서기 1956년)이 되면서는 세계의 불자들이 모여서, 각각 달리 생각해 왔던 불교사적 시점까지도 합의를 보면서 합리적인 불기佛紀를 새로이 정하는 일이 있었습니다. 이때 남북방의 불자들이 논의를 거쳐 과거의 관습들을 넘어서서 지금과 같은 통일된 불기를 제정하게 되었습니다.[13] 또 다른 상징적인 일

---

13 미얀마 정부는 독립 후 1950년에 종교성宗敎省을 설립하고, 1951년에는 '미얀마 연방 불교평의회'를 설치하였다. 1954년에 제6차 결집Chaṭṭha Saṅgāyana이 열렸는데, 이 결집에는 상좌부불교 전통의 미얀마, 태국, 캄보디아, 라오스, 베트남, 스리랑카, 인도, 네팔 등 여덟 나라에서 온 약 2500여 명의 승려들이 참석하였다. 일본의 사원에서도 대표들을 파견하였다. 서양인으로 이 결집에 참석한 승려들은 독일인 냐나띨로까 장로, 냐나뽀니까 장로 등 네 사람이었다. 1954년 부처님 오신 날을 시작으로 1956년 부처님 오신 날까지, 정확히는 서력 1954년 5월 17일에서 1956년 5월 24일까지 약 2년이 소요되었다. 불기는 상좌부불교 전통의 계산법에 의해 1956년 5월 24일을 부처님 반열반 2,500주년으로 확정하였다. 현대불교 (http://www.hyunbulnews.com), JSTOR(April 2021) 참조. 대장정의 빠알리 본 제6차 결집은 영국 PTS에서의 로마자화 사업과

로 영국의 역경 단체인 PTS(Pali Text Society)가 빠알리*Pāli* 경전 중 4부 니까야야의 영역英譯 사업을 일단락 지은 것이 불기 2500년 경입니다. 서양에 부처님 담마가 본격적으로 전파되기 시작하는 시점이라 하겠는데, 이것이야말로 실로 괄목할 만한 일입니다. 부처님이 조그만 까삘라*Kapila* 국에서 태어나 천하에 담마를 펴셨는데, 그 담마가 동남아로 또 중국으로 퍼지면서 영역을 동양으로 확대해 왔지요. 그러다 드디어 서양에까지 도달하게 된 겁니다. 그런 점에서 불기 2500년 경에 서양에서 부처님 담마가 경전으로서 체모體貌를 갖추게 된 것은 대단히 큰 사건이지요. 대승 불교권인 일본에서 남전대장경[14]이 완간된 것도 그 무렵입니

영역 사업보다 늦게 이루어진 셈이다.

14 남전대장경南傳大藏經: 1881년에 리스 데이비스Rhys Davids가 런던에 Pāli Text Society를 설립하여 빠알리어 성전을 로마자로 간행[PTS 本]하였는데, 이 간행본을 저본으로 하여 일본에서 1935년부

다. 그러니까 동서양에 빠알리 경전이 제대로 소개되는 대불사가 불기 2500년 전후에 이루어진 것입니다.

또한 지정학적으로 보면 불기 2500년 무렵에 2차대전이 끝나고 세계가 하나로 연결되는 지구촌이 탄생하지요. 2차대진 종결은 인류가 민속수의적 한계성을 깨닫고 세계라는 차원에서 자기 자신을 인식하기 시작하는 중요한 계기입니다. 2차대전이 민족주의적 갈등의 극치 아닙니까. 게다가 그 전쟁이 원자탄에 의해서 끝납니다. 철기 문명의 무기들이 대포나 탱크나 군함 같은 것들인데, 원자탄으로 전쟁이 끝나면서 철기시대가 끝나고 새로운 원자력 시대로 들어가는 상징이 된 것입니다. 철기시대의 종언과 지구촌의 탄생이지요. 이

터 일본어로 번역하기 시작하여 1941년에 65권 70책으로 완간한 것으로, 각 권에는 해제·주해·색인 등이 있음(시공 불교사전, 곽철환).

와 더불어 바야흐로 부처님 담마의 시대가 새롭게 도래한다는 큰 그림을 갖게 되었습니다. 우리는 이러한 역사적 기운을 깊이 음미하면서 우리의 세계관과 인생관을 재조명해 볼 필요가 있겠습니다.

담마의 성·주·괴·공

제행무상諸行無常이라! 부처님이 만드신 담마도 때가 있습니다. 이 담마도 언젠가는 사라집니다. 그런 점에서 진리와 담마는 다릅니다. 진리는 시공을 초월해서 영원 무변한데 담마는 그렇지 않습니다. 제행은 무상이어서 모두가 성·주·괴·공의 법칙에 따라 굴러갑니다. '이룰 성成, 머물 주住, 무너질 괴壞, 빌 공空'입니다. 불교사적으로 보아도 부처님 담마가 성成·주住·괴壞·공쏲을 겪게 됩니다.

　우선 담마의 성成 시기는 어떠한가? 구도자求道者들
이 인간은 어떻게 살아야 하는가를 물으면서 가치관의
정립을 본격적으로 시도할 때 담마가 성하는 시기가
됩니다. 그때는 많은 이들이 진리를 탐구합니다. 무엇
이 진리인가? 어떻게 진리를 알 수 있는가? 그리고 진
리를 어떻게 실천할 수 있는가? 이렇게 치열하게 구도
의 삶이 이루어지는 게 담마가 성립하는 시절의 특색
입니다. 부처님은 출가 전에도 세속적 학문을 두루 공
부하셨고, 출가 후에는 정定을 닦는 분들에게 가서 정
공부도 하셨고, 고행림에서 고행도 하셨습니다. 그때
부처님과 동시대 수행자들이 알고자 했던 것은 더할
나위 없는 구경의 진리입니다. 어떤 테크닉을 통해 수
행의 단계를 정해놓고 그 결과에 도달하려는 차원이

아닙니다. 이런 특징은 다른 시대와 비교할 때 매우 두드러집니다. 진리에 대한 치열한 구도求道가 이루어져서 마침내 진리를 담마로 구현하기에 이릅니다. 이렇게 성립된 담마를 개개인들도 구현하기 위해 애쓰는 과정이 진행됩니다.

그다음 담마의 주住 시기에 들어갑니다. 이때는 성립 시기에 이루어진 담마를 개개인의 진리 구현 차원을 넘어 보다 많은 사람이 누리도록 하는 문제, 즉 담마의 사회를 만들려는 움직임들이 벌어집니다. 개인이 깨달은 진리를 많은 사람이 공유하도록 함으로써 담마의 사회를 만들려는 노력이 주住 시대에 중심을 이룹니다. 많은 사람이 담마를 공유하기 위해 사람들에게 담마를 전하고 설명하면서 '같이 담마를 실천해 나가자'고 하는 대중화 운동, 소위 불교의 대중화 시대가 이루어지게 됩니다.

　그다음 괴壞 시대에 들어가면, 주住 시대에 있었던 사회화 과정의 결과가 부정적으로 나타나기 시작합니다. 여러 가지 모순이 나타나는 것이지요. **담마의 사회화는 종교라는 형태로 나타났습니다.** 그 이전이 담마를 구하는 시대라면, 괴 단계에 이르면 종교 시대에 접어듭니다. 종교는 시간이 지나면 자연히 권위주의화되고 경직됩니다. 그 경직성 때문에 진리의 탄력성과 유연성이 사라지고, 사람 위에 군림하는 모습을 보입니다. 수행도 자유로운 실천보다는 권위의 틀에 안주하면서, 어떤 테크닉을 통해서 정형화된 길을 가려는 관성을 띠게 됩니다. 권위주의는 굳음이요, 굳어 딱딱해진 것은 배타적이기 마련인데, 배타하는 측이 있으면 배타 당하는 측도 나오게 되지요. 출가 수행자와 재가자가 서로 합치해서 공동선共同善을 이루려는 노력은 쇠퇴하고, 재가자들이 기존 권위가 주는 해결책에 만족하지 못하고 의문을 제기함으로써 철학적인 논란이 빚어지게 됩니다. 그 반동으로 종교 자체는 자꾸 더 권위적이 되지요. 그러니까 또 일반인들이나 회의적인 수행자들은 철학적인 질문을 제기하면서 의심하기 시작합니다. 경직된 담마가 과연 유용한가 의심하고, 심지어는 담마 자체가 진리성과 타당성이 있는가에 대해서까지 의심해 들어가는 것이 주기住期의 말, 괴기壞期의 초에 일어나는 현상들입니다.

담마의 괴壞 단계가 막바지에 이르면 수행자들은 더 이상 주도적인 입장을 유지하지 못하고 철학으로 자기 변명을 하거나, 재가자와 타 종파에서 제기하는 철학적 논란에 대해서 예민한 반응을 일으키는 모습이 전개됩니다. 그 결과 한쪽에서는 담마를 두고 학문적이고 철학적인 논란이 극성해지는 경향이 있고 또 다른 한쪽에서는 담마를 새로운 세속적 가치관으로 추구해 들어가는 경향이 강해집니다.

한편 수행 측면에서 담마의 성·주·괴·공을 볼 수도 있습니다. 근본불교 경전의 행간을 보면 부처님이 수행 분상에서 안과 밖을 얼마나 엄격하게 구별하셨는지를 알 수 있습니다. 먼저 바깥에 대한 인식 행위를 멈추기를 요청하고, 안으로 자신을 들여다보는 노력을 진지하게 시도하기를 요청하십니다. 그에 따라 수행은 자신의 안으로 향하게 됩니다. 진리를 궁구하려면 관념을 거부하고, 내가 진리를 대하는 마음가짐이 어떠한지, 내가 어떤 태도로 진리를 지향하고 있는지, 그걸 점검해야 합니다. 이게 성기成期의 특색입니다.

부처님은 내면에 대한 성찰을 담마의 언어로 표현

하셨습니다. 이를 '신身·수受·심心·법法, 사념처四念處를 관觀하는 것'이라 하셨습니다. 즉 '사띠sati를 하라!' 사념처에 대해 바른 마음챙김[正念] 하라고 말씀하신 겁니다. '바른 마음챙김은 자기 몸[身]을 보는 것으로 시작하라. 우리가 바깥에 한눈파느라 정신없이 사는데, 이제 그것을 멈추고 너 자신의 몸부터 관찰하라.' '내면, 안'이라고 하면 이것 또한 관념적이 되기 쉽습니다. 그렇다면 어떻게 해야 구체적으로 안을 향하느냐? **'자신의 몸을 살피는 데서부터 시작하라! 호흡부터 살펴라.**[15]' 왜냐하면 내 몸에서 일어나는 운동 중에 대표적인 것이 호흡이기 때문입니다. 호흡은 자나 깨나 항상 하는 것이지요. 그런데 호흡을 볼 때 경계해야 할 점

15 《맛지마 니까야야Majjhima Nikāya 中部》, 119경 〈염신경Kāyagatāsati sutta〉; 금구의 말씀·하나 《염신경》, 냐나몰리 스님 영역, 현음 스님 옮김, 〈고요한소리〉 참조; 활성 스님, 소리·스물여섯 《팔정도 다시 보기》, 〈고요한소리〉(2024), 63~87쪽

이 있습니다. 호흡을 보되 호흡 보는 것을 목적으로 삼지는 말라! 호흡 보는 것도 하나의 수단일 뿐입니다. 자신의 관심을 내면으로 돌리기 위한 수단일 뿐이니 호흡 보는 것이 목적이 되어서는 안 됩니다. 바른 마음챙김은 호흡부터 몸 살피기를 시작해서 그다음에 온몸을 봅니다.

온몸을 보면서 온몸에서 일어나는 느낌[受] 그리고 그 느낌과 결탁해서 일어나는 인식, 즉 상想 놀음을 정확히 살핍니다. 나아가 이들을 살피고 경계하기 위해서 마음 상태[心]16로 향합니다. '느낌에서 상 놀음으

---

16 **심적 요소**cetasika **기준의 16가지 주시 대상 마음**

욕망이 수반된 마음과 욕망이 수반되지 않은 마음
sarāgaṃ cittaṃ—vītarāgaṃ cittaṃ
성냄이 수반된 마음과 성냄이 수반되지 않은 마음
sadosaṃ cittaṃ—vītadosaṃ cittaṃ
미혹이 수반된 마음과 미혹이 수반되지 않은 마음
samohaṃ cittaṃ—vītamohaṃ cittaṃ

로 치달리지 말고 마음 상태[心]로 향하라, 안으로, 안
으로 향하라.' 그렇게 자기의 몸과 느낌과 마음 상태
를 사띠sati, 마음챙김으로 살피면 마음을 제어하는 지
혜의 힘이 자랍니다. 사띠가 수受와 상想을 분리시키는
역할을 하니까요. 구체적으로는 수와 상이 어울린 것
을 심행心行[17]이라 합니다. 심행에서 수와 상을 분리시

제대로 정돈된 마음과 흐트러진 마음
saṅkhittaṃ cittaṃ—vikkhittaṃ cittaṃ

(출가)장부심과 범부의 마음
mahaggataṃ cittaṃ—amahaggataṃ cittaṃ

보다 더 높은 정이 있는 비상비비상처정까지의 마음[有上心]과
상수멸처정의 마음[無上心]
sauttaraṃ cittaṃ—anuttaraṃ cittaṃ

정정正定을 이룬 마음과 정정에 들지 못한 마음
samāhitaṃ cittaṃ—asamāhitaṃ cittaṃ

해탈한 마음과 해탈하지 못한 마음
vimuttaṃ cittaṃ—avimuttaṃ cittaṃ

《맛지마 니까야야*Majjhima Nikāya* 中部》, 10경 〈마음챙김의 확립 경
Satipaṭṭhāna sutta〉, I, 59쪽; 《디이가 니까야야*Dīgha Nikāya* 長部》, 22
경, 〈대념처경*Mahāsatipaṭṭhāna sutta*〉, II, 299쪽; 활성 스님, 소리·여
덟 《중도, 이 시대의 길》, 〈고요한소리〉 참조.

17 활성 스님, 소리·스물다섯 《상카아라行와 담마法 - 부처님 가르침

키면 이 둘 다 힘을 잃게 됩니다. 즉 느낌이 일어날 때마다 상, 산냐가 들어붙지 않으면 수와 상은 힘을 잃어 심행을 일으키지 못하게 됩니다. **수와 상을 분리하는 것이 바로 마음챙김, 사띠의 힘**입니다. 수를 '있는 그대로' 마음챙김 하면 상이 들어올 틈이 없습니다. 마음챙김이 어떤 역할을 하는지 알 수 있겠지요?[18]

다음으로 법을 본다는 섯은 오개五蓋, 오취온五取蘊, 육처六處, 칠각지七覺支, 사성제四聖諦를 관觀하는 것입니다.[19] 이렇듯 신·수·심·법을 보는 과정을 통해 안을 향하는 공부를 하라, 이런 게 초기 형성기 불교 수행의 특징입니다. 이런 자세는 철학을 한다든가, 포교를

의 두 축〉, 〈고요한소리〉(2022), 65~86쪽.

18 활성 스님, 소리·스물넷 《산냐[想]에서 빤냐般若로 - 범부의 세계에서 지혜의 세계로》, 〈고요한소리〉(2024), 84~85쪽.

19 신身·수受·심心·법法에 관한 자세한 내용은 활성 스님, 소리·여덟 《중도, 이 시대의 길》, 〈고요한소리〉(2021), 53~70쪽 참조.

한다든가, 또는 심적 도피를 할 때 보게 되는 밖을 향하는 마음 상태와는 본질적으로 차이가 있습니다. 그래서 성기成期에는 내면으로의 침잠이 담마 공부의 주를 이루게 됩니다.

그런데 주기住期에 들면 내면으로 침잠하는 데서 한 걸음 더 나아가 외면으로의 관심 이동이 일어납니다. 바깥을 향하는 것은 주기에 이어 괴기壞期에도 다 일어나지요. 다만 주기에는 괴기와 달리 도피나 안일한 타협으로서 바깥을 향하는 게 아닙니다. 그것은 안으로 향하는 마음가짐을 바탕으로 하여 터득한 진리의 실천으로서 바깥에 대한 포용이라는 대단히 적극적이고 긍정적인 면이 있습니다. 이는 포교라는 이름이 될 수도 있고 보살행이 될 수도 있는데 밖으로 향하는 적극적인 운동으로 나타납니다. 담마를 널리 펴서 많은 사람들이 공유하도록 노력하는 것은 부처님 당시부터 있던 것입니다. 부처님이 아라한들에게 너희들이 안으로 침잠해서 깨쳤으면, "두 사람이 함께 가지 말고, 각자 따로따로 가서 담마를 널리 펴라"[20] 하셨습니다. 보통 보살행을 대승불교의 전유물인 것처럼 말하지만 이것은 대승, 소승의 문제가 아닙니다. 대승이니 소승이니 하는 이름은 우리를 현혹시키기 쉬운 이데올로기적인 명칭이기 때문에, 여러분은 그런 논리에 말려들지 마십시오.

주기住期에는 내면으로 침잠해서 얻은 지혜를 바깥으로 적극적으로 폈다면, 괴기壞期에 들어서면 내면으

---

20 "비구들이여, 두 사람이 함께 가지 말고 각자 따로따로 가서 담마를 널리 펴라. … 눈에 티끌이 거의 없이 태어난 중생들이 있는데, 그들은 담마를 듣지 못하면 퇴락할 것이다. *Mā ekena dve agamittha. Desetha bhikkhave, dhammaṃ … Santi sattā apparajakkhajātikā assavanatā dhammassa parihāyanti.*"《위나야*Vinaya* 律藏》, 〈마하아왁가*Mahāvagga* 大品〉, I, 20~21쪽.

로 침잠하는 것에 기초한 바깥이 아니라 바깥을 향한 '바깥'이 주류를 이루게 됩니다. 이 '바깥'이라는 건 외부 사물이라기보다 바깥을 인식하는 우리 태도를 말합니다. 그래서 괴기에는 산냐*saññā*, 상 놀음이 주를 이룹니다.[21] 근본불교에서 말하는 산냐는 바깥을 인식하는 기능이지, 안을 인식하는 것을 말하지 않습니다. 이 산냐 놀음이 괴기에 들어서면 대단히 왕성해집니다. 산냐가 주도해서 제행이 일어나는데, 제행이 주가 되고 담마는 점점 뒷전으로 숨어드는 게 괴기의 모습입니다.

그러다 공기空期에 오면 제행의 독무대지요. 담마는 곁으로 밀려나 이름도 형태도 없어집니다. 그래서 바

---

21 활성 스님, 소리·스물넷 《산냐[想]에서 빤냐般若로 – 범부의 세계에서 지혜의 세계로》, 〈고요한소리〉 참조.

깥을 향하는 정도가 아니라 물질에 대한 탐욕, 물질을 통한 성취에 몰두합니다. 그냥 물질주의 그 자체입니다. 수행마저도 방법론을 통한 수행, 즉 어떤 방법과 코스를 어느 기간 하면 무슨 성과를 얻는다는 식의 계량화된 수행법이 만연합니다. 유럽이 주도하던 시대에는 철학이라도 있었는데, 오늘날에는 시장 논리밖에 없지요. 물질주의가 노도처럼 휩쓸고 있습니다. 힉문마저도 산학협동産學協同이니 산학 연계니 하면서 산업의 부속물이 되어 버렸습니다. 인류 정신사에 있어서 공기空期의 모습이 이렇지 않나 싶습니다.

3. 인간의 업業, 우주를 생성 소멸시킨다

인간의 업과 우주의 생성-소멸

서양 과학에서는 인류의 출현이 무기물로부터 유기물, 동식물로 이어지는 진화의 결과라고 봅니다. 그것도 인간의 출현을 보는 하나의 관점이겠지요. 그러나 이런 관점은 시작과 끝을 설정하려 드는 그들의 직선적인 관념을 시공간에 적용하는 가벼운 발상으로 보입니다. 만약 시작이 있다면 시작 이전은 뭐냐? 당장 논리적인 딜레마에 빠져버리지요. 태초가 있으면 태초 이전은 뭐냐? 이렇듯 서구의 창조론이나 진화론은 시간관에서 딜레마를 안고 있습니다.

거기에 비하면 불교는 요즘의 과학적 견해로 보아도 합리적인 이야기를 합니다.[22] '어떻게 시공간의 시작과 끝이 있을 수 있느냐?' 동그라미에 시작점도 끝점도 없지요. 그렇듯이 변화가 드러나는 양상이 시작의 모습도 띠고 끝의 모습도 띨 수 있기에 엄밀한 의미에서 그것이 시작이나 끝은 아닙니다. 이러한 시간관을 전제로 불교는 인긴이 다겁생을 돌고 돌며 계속 윤회한다고 봅니다.

더욱이 불교의 우주관은 괄목할 만합니다. 여러분이 듣기에 생경할 수도 있겠습니다만 '**우주가 인간의 업業으로 인해 생성 소멸을 반복한다**'고 봅니다. 인간의 악업이 지중하게 쌓이면 마침내 우주가 붕괴하다

---

22 활성 스님, 소리·열《과학과 불법의 융합》,〈고요한소리〉참조.

고 합니다. 어떤 한 겁에서 인류가 악업을 많이 지어서, 그 업의 결과로 마침내 우주가 궤멸하여 사라진다는 말입니다. 인간이 어떤 업을 짓느냐에 따라 그 업이 우주를 붕괴시키기도 하고 우주를 존속시키기도 하는 원동력으로 작용한다는 겁니다. 인간의 업은 우주의 성·주·괴·공을 좌우하는 아주 큰 힘입니다. 그 힘을 하늘의 창조주나 무슨 신이 가지고 있는 게 아니고 인간이 가지고 있다는 말입니다.

업력業力, 업의 힘이라고 할 때 보통은 나쁜 업만 생각하는데, 업이라는 것은 의도적 행위이기 때문에 선업善業도 있고 악업惡業도 있습니다. 선업을 많이 지으면 그 보상을 누리게 되고, 악업을 많이 지으면 그에 따른 무거운 과보를 받아야만 하는 것입니다. 요컨대 불교에서는 우주의 성·주·괴·공에 인간의 업, 즉 인간의 의도적 행위가 기본 요인으로 작용하고 있다고 봅니다. 담마가 쇠락하고 인류의 악업이 쌓이고 쌓여서 마침내 이 지구가 대청소를 한번 해야 할 때, 그때는 우주와 더불어 인류가 사라진다는 것입니다.

〈기세경起世經〉으로 본 세상의 흥망

세계가 붕괴되면 중생들은 어떻게 되는가? 앞서 본 〈기세경〉에서 부처님은 세상의 흥과 망에 대해 자세히 말씀하십니다. 세계가 붕괴될 때 중생들은 색계色界 2천에 가서 머무르게 된다고 합니다. 이 세계가 업으로 인해 붕괴 축소될때, 중생들의 세계는 색계 1천까지 궤멸됩니다. 우주는 욕계欲界와 색계色界와 무색계無色界, 삼계三界로 구성되어 있고, 색계는 1천天부터 시작되는데, 그 색계 1천은 욕계와 더불어 붕괴되지만 색계 2천과 그 위는 붕괴되지 않는다는 겁니다.

왜 인간이 색계 2천에 머물게 되는가? 색계 2천의 천상계는 꽤나 정신적인 세계입니다. 덕德 많고 복福 많은 존재들이 머무는 곳이지요. 그렇게 보면 우주가 붕괴될 때 인간이 색계 2천에 가서 머무는 것은 일종의 노아의 방주와 비슷한 것이라고 할 수 있지요. 거기 가서 존속은 하지만 머물 자격이 있는 것은 아닙니다. 인간이 지구를 다 파멸시켜 놓고서 무슨 자격으로 거기서 머물겠습니까? 그러나 인간은 단순히 업 짓고 그 과보로 처벌받는 죄인이 아니라 향상의 길을 걸어서 결국에는 해탈·열반할 소중한 존재입니다. 그렇기에 색계 2천이라는 천상계에 능히 의탁한다고 볼 수 있겠습니다.

색계 2천에서의 몸은 의소성신意所成身, 마노마야까아야manomayakāya라고 합니다. '의意, 즉 뜻으로 만들어진 몸'이라는 거지요. 색·수·상·행·식, 오온으로 이루어진 욕계에서의 몸과는 달리 허공을 날아다니고 기쁨을 먹고 사는 천사 같은 존재이지요. 이렇게 허공을 날고 기쁨을 먹고 사는 색계 2천의 존재로 있다가, 새로운 우주가 탄생해 성成을 이루고 마침내 주住할 만큼 안정이 될 때, 인류가 다시 내려오기 시작합니다. 우선 색계 2천에서 색계 1천으로 내려옵니다. 색계 1천의 왕이 브라흐마brahmā, 범천梵天인데, 창조주라고 부르지요.[23] 이 색계 1천의 단계를 거쳐서 다시 욕계로

---

23 불교에서는 창조주를 인정하지 않는다. 그러나 인도 전통에서는 대범천을 창조주로 부르는 경향이 있다. 예를 들면 범망경과 께왓다 경. "비구여, 그분은 범천이요, 대범천이요, 정복자요, 정복되지 않는 자요, 다른 이의 업보를 아는 자요, 자재자요, 절대 신이요, 창조주요, 최고 능력자요, 주재자요, 더 훌륭하고 더 뛰어난 우리들의 과거와 미래의 아버지십니다. *Atthi kho bhikkhu brahmā*

서서히 내려옵니다. 그 과정에서 차츰 동물적인 모습
의 몸을 갖추어가면서 오욕락을 가진 인간이 됩니다.
그때부터 본격적인 업을 짓는 '업체業體, 업 존재'로서
의 삶을 영위하게 되는 겁니다.

이제 뭐 동물이나 별 차이가 없는 몸을 갖게 되었습
니다. 먹을 대상을 만나면 잡아먹어야 하고 또 잡아먹
히기도 하면서 이 육신에 끄달리게 됩니다. 사실은 아
주 고약한 형태이지요. 잡아먹고 먹히는 존재로 산다
는 게 얼마나 끔찍해요? 자기들끼리 전쟁을 치르며 피
흘리는 일도 끔찍합니다. 이런 일들이 욕계 천상이나

---

*mahābrahmā abhibhū anabhibhūto aññadatthudaso vasavattī issaro kattā
nimmātā seṭṭho sajitā vasī pitā bhūtabhavyānaṃ amhehi abhikkannataro ca
paṇitataro ca.*" 《디이가 니까야야*Dīgha Nikāya* 長部》, 1경 〈범망경
Brahmajāla sutta〉, I, 18쪽; 《디이가 니까야야*Dīgha Nikāya* 長部》, 11
경 〈께왓다 경*Kevaḍḍha sutta*〉, I, 220쪽.

색계에는 없지만 사람 몸 받으면 그런 처참한 일들이 벌어지는 겁니다. 그러다 보니 인간이 기껏 원하는 게, 우선 잡아먹히지 않았으면 좋겠다, 이런 거지요. 인간이 이 세계에 내려와 육신을 가졌는데 이 육신이 일종의 고기 덩어리라, 나보다 덩치도 크고 사나운 짐승들이 아주 탐을 내 잡아먹고 싶어 한다는 말이지요. 인간이 그런 몸뚱이를 가졌으니, 첫째는 잡아먹히지 않아야 된다, 둘째는 잡아먹어야 한다. '기어코 내 너를 먹고야 말겠다'고 입맛을 다시며 욕심이 커져갑니다.

이런 식으로 인간에게 욕심이 생겨나고, 기를 쓰고 욕심을 충족시키려 하는데, 욕심이 충족되지 않으면 실망과 죄절과 분노가 일어납니다. 그러니 점점 탐욕[貪]과 진심[瞋]과 치암[癡]이 쌓이며 업을 많이 짓는 신세가 됩니다. 인간이 저 색계 2천에 머물 때는 육신은 없고 기쁨을 먹고 하늘을 날아다니며 참 좋았지요. 그러나 과거 생에 지은 업대로니까 안 내려올 수도 없고, 내려와서 육신을 덮어쓰니까 그런 업을 또 짓게 됩니다. 살아남아야 한다는 욕심은 죽음에 대한 불안과 두려움으로 연결됩니다. '짐승도 두렵고 적도 두렵고 병도 두렵고 죽음도 두렵다.' 두려움과 무서움은 치암의 전형적인 속성입니다.

이렇듯 먹고 먹히며, 두렵고 무서운 세상에서 내가 살아남는다는 보장이 없습니다. 그러다 보니 어떤 형태로든 그 보장을 확보하려고 소원을 세우고 빌게 됩니다. 그래서 초능력을 가진 존재에게 의지하려 듭니다. 신神도 탄생하고, '그 신에게 빌면 내 소원은 성취된다' 하는 신앙도 탄생하고, 그 신앙에서 종교도 생겨납니다.

인간계는 우주 학교

우리 인간계는 육도六道[24] 중에 제일 의미 있는 곳이라고 합니다. 왜? 인간계는 고통 반, 쾌락 반이기 때문입니다. 천상 세계는 즐거움이 많고 고통이 없는데, 너무 즐거우니까 천상에 안주해서 복만 누리지요. 그러다 지어놓은 복 다하면 천상에서 떨어져 욕계로 내려옵니다. 사람은 복만 짓는 게 아니라 악업도 짓거든요. 복이 성하니까 천상에 갔는데 복이 다 떨어지니까 이제 지어놓은 악업이 드러나지요. 그 악업으로 다시 인간으로 태어나기도 하고, 축생에도 가고, 아수라에도 가고, 아귀에도 가고, 지옥에도 가는 겁니다.

---

24 육도六道: 지옥, 아귀, 축생, 아수라, 인간, 천상계.

그런데 고통받는 세계인 사악처四惡處는 고통만 많아서 정신 차릴 틈이 없습니다. 축생은 어리석고 지혜가 없어서, 아수라는 투쟁심이 너무 심해서, 아귀는 지나친 탐욕심으로 헐떡거리느라 또 지옥은 갖가지 형벌을 받느라 정신 차리고 몸을 제대로 가누고 방향을 설정할 능력도 여지도 없는 겁니다.

그에 비해 인간계는 고반苦半 낙반樂半의 세계입니다. 고통이 있는가 하면 낙도 있습니다. 낙이 있는가 하면 금방 고통이 닥쳐오지요. 고통은 우리로 하여금 긴장되게 하고, 정신을 가다듬도록 하고, 오만과 아만과 착각에 안주하지 못하도록 끊임없이 들볶습니다. 이게 인간계입니다. 인간은 우주 학교에 다니는 학생입니다. 우주 학교는 우리가 인간계의 속성을 이해하고 견뎌내며 정신을 똑바로 차리도록 가르쳐 줍니다. 학교에서 눈에 띄는 살길을 찾을 수 있습니다. 그리하여 비로소 팔정도의 소중함을 깨닫게 되고 마침내 그 길을 나아가게 됩니다.

4. 석가모니 담마를 만난 인연 살린다

인간, 해탈·열반이 가능해지다

인간들은 뭐가 뭔지도 모르고, 뭐 태어났으니까 죽기 싫고, 죽기 싫어서 아등바등 온갖 몸부림을 치는 존재입니다. 그런데 석가모니 부처님이 담마를 설하신 이후 인간이 해탈의 소식, 열반의 소식을 알게 되었습니다. 부처님 덕분에 우리 존재가 도대체 왜 태어나서, 어디를 향해 가고 있는지도 이제 알게 된 겁니다. 부처님 나오신 이후로 우리 중생은 삶을 살되 그 의미와 방향을 알고 사는 삶, 드디어 의미 있는 삶을 사는 길을 얻게 된 겁니다. 그래서 우리가 조석으로 부처님 전에

머리를 조아려 감사 인사를 드리는 겁니다.

인간은 부처님 담마를 알기 전까지는 열반을 모르고 어두움 속에 갇혀서 존재에 중독되어 살아갈 뿐입니다. 존재의 양식과 존재의 경험에 중독되어서 헤어날 생각도 못 하고 삽니다. 그리고 윤회를 당연시하면서 혹시라도 윤회에서 탈락할까 봐 갖은 기를 쓰고 있는 존재, 진도되어도 유민부득으로 전도되어 있는 존재가 인간입니다. 이런 인간이 윤회고輪廻苦에서 벗어날 길이 열렸습니다. 부처님이 세우신 담마 덕분입니다.

부처님 담마 덕분에 인간이 윤회고의 속박에서 벗어날 길이 열렸습니다. 부처님은 〈초전법륜경〉에서 요컨대 오취온五取蘊은 고苦라고 하셨습니다. '다섯 가지 집착의 쌓임[五取蘊] 치고 고苦 아닌 것이 없다'[25]는 이 말씀은 색色·수受·상想·행行·식識, 오취온이 윤회하는 당체라는 뜻입니다. 즉 '윤회하는 존재, 그것이 바로 고苦다'라는 의미로 알아듣게 됩니다. 부처님 가르침 덕분에 인간이 우주 안에서 윤회하는 존재라는 것과 그 윤회가 고苦의 연속이라는 것 그리고 인간이 그 윤회로부터 해탈·열반할 가능성을 가진 존재라는 것도 알게 되었습니다. 비로소 인간 역사가 새롭게 시작

---

25 "비구들이여, 이것이 고苦라는 성스러운 진리[苦聖諦]이다. 태어남이 고이고 늙음이 고이고 병듦이 고이고 죽음이 고이다. 슬픔·비탄·고통·근심·고뇌도 고이다. 좋아하지 않는 것들과 마주치는 것이 고이고 좋아하는 것들과 멀어지는 것이 고이며 원하는 것을 얻지 못하는 것도 고이다. 요컨대 다섯 가지 집착의 쌓임[五取蘊] 치고 고苦 아닌 것이 없다. *Idaṃ kho pana bhikkhave dukkhaṃ ariyasaccaṃ. Jāti pi dukkhā jarā pi dukkhā vyādhi pi dukkho maraṇam pi dukkhaṃ sokaparidevadukkhadomanassupāyāsā pi dukkhā, appiyehi sampayogo dukkho piyehi vippayogo dukkho, yam picchaṃ na labhati tam pi dukkhaṃ, saṃkhittena pañcupādānakkhandhā pi dukkhā*" 《상윳따 니까야야*Saṃyutta Nikāya 相應部*》, 56:11경 〈초전법륜경*Dhammacakkapavattanasutta*〉, V, 421쪽.

된 것입니다.

불교에서는 부처님 담마를 인류사적인 측면에서 이해하는 시각이 있습니다. 부처님 담마가 나오기 전의 인류사와 그 후의 인류사를 구분해서 보는 시각이지요. 인간이 동물 비슷하게 태어나서 본능대로 살다가 죽어가는 역사였는데, 부처님이 세상에 출현하셔서 담마를 설하심으로써 비로소 인간다운 인간의 역사가 전개된다는 겁니다.

부처님 나오시기 전까지 인간은 오로지 먹고, 자식을 번성시키는 데 관심을 쏟고, 그렇게 살다가 가는 존재였습니다. 그것은 사실상 축생의 삶과 별 차이가 없습니다. 기껏해야 천상에 가서 복락을 누릴 존재로 여겼겠지요. 냉정하게 보면 복락 그거 누리면 뭐 합니까? 복락은 누릴 때는 좋지만 체감遞減의 법칙이 반드시 따라와 언젠가 복락도 다하게 됩니다. 또한 처음에는 그토록 좋던 복락이 일상화되면서 점차 그것도 시들해지고 나중에는 시큰둥해지게 마련이지요. 그러니 천신이 되는 것 역시 지옥에 가는 것과 축생이 되는 것만큼 바람직하지 않기는 마찬가지입니다.

인간과 동물은 안·이·비·설·신·의[마음, 뜻] 등 여섯 가지 감각기관을 통해서 접촉하고 경험합니다. 그거 말고 다른 경험 루트는 없습니다. 이 중에서 앞의 다섯 감각은 다른 동물들이 사람보다 더 발달한 경우가 많습니다. 예컨대 눈으로 치자면 매가 사람보다 훨씬 밝지요. 귀나 코는 개가 인간보다 훨씬 밝아요.

다만 머리와 마음을 통해 어떤 가치를 생각하는 기

능인 의意는 인간이 각별히 탁월합니다. 그에 비해 동물은 그 기능이 매우 미약하여 '쇠귀에 경 읽기'라는 말처럼 소는 아무리 경을 읽어줘도 눈만 껌벅껌벅하지요. 하지만 우리 사람은 의意 하나 때문에, 성인도 나오고 성인의 가르침을 중심으로 문화를 만듭니다. 그 속에서 도덕, 종교, 학문도 세우면서 가치를 추구하는 유별나게 독특한 삶을 삽니다. 눈이 알아차리는 대상이 형상[色]이고, 귀가 알아자리는 대상이 소리[聲]고, 코가 알아차리는 대상이 냄새[香]고, 혀가 알아차리는 대상이 맛[味]이고, 몸이 알아차리는 대상이 감촉[觸]이고, 뜻[意]이 알아차리는 대상은 담마[法]입니다. 인간은 뜻[意]을 통해 담마를 알 수 있는 존재입니다.[26] 이 말은 사람은 뜻을 통해 의미意味를 알아차리고, 그

---

26 활성 스님, 소리·열여덟, 《의意를 가진 존재, 사람 - 불교의 인간관》, 〈고요한소리〉 참조.

가치를 생각한다는 것입니다.

　이것이 부처님이 보시는 인간입니다. 부처님 이전 인도 전통에서는 '눈·귀·코·혀·몸' '5처五處'만 이야기 해 왔지요. 그런데 부처님이 '6처六處'라는 말을 창작 해서 쓰십니다. 경에도 그 흔적이 나옵니다. 5처를 거 론하신 후 그리고 '여섯 번째로 뜻, 의意 mano가 있다' 고 하십니다. 6처는 6입六入이라고도 하고 필요에 따라 서는 6근六根이라고도 합니다. 부처님은 인간의 감각 기관을 전통적인 5처에다 의意 하나를 더해서 6처로 규정하신 겁니다. 처處는 수受와 상想과 식識이 들어와 서 행이 이루어지는 곳이고 근根은 수·상·행·식과 어 울려서 노는 차원에 매몰되지 않은 원래의 기능, 어떤 능력입니다. 눈이 뭔가를 볼 때, 있는 그대로를 바르게 보면 아무 문제가 없는데 어떤 관념에 의해서 보게 됩니다. 그건 여러분들이 다 쉽게 이해할 수 있지요? 우리가 뭘 인식할 때 다 관념 작용에 의하여 벌써 때 묻은 인식을 하지, '있는 그대로'를 바로 보지 못합니다. 이게 우리가 안고 있는 모든 문제의 근원이지요. 그래서 '있는 그대로'를 바르게 보도록 근을 지키라는 것입니다. 이를 근방호根防護, 인드리야상와라indriyasaṃvara라고 합니다. 이 근방호를 잘해서 상想 놀음에 떨어지지 않도록 노력하는 것이 수행이기도 합니다.[27]

부처님은 《법구경》 제일 첫머리에서

뜻[意]이 세상만사에 선행하고,

뜻이 최상이고,

---

27 활성 스님, 소리·여덟, 《중도, 이 시대의 길》, 〈고요한소리〉(2021), 42~44쪽.

뜻으로 만들어진다.[28]

라고 하셨습니다. 그토록 중요한 게 뜻[意]입니다. 인간
에게 뜻[意]이 있다는 것은 부처님이 담마를 설하셔서
이 인류를 담마의 상속자로 만드신 소식과 바로 연관
됩니다. 부처님이 의意를 인간의 능력으로 자리매김하
심으로써 인간에게 담마의 소식과 해탈·열반의 소식을
전해주실 수 있었습니다. 그리하여 인간에게 해탈·열반
으로 나아가는 길이 비로소 열리게 된 것입니다.

요컨대 인간은 색色·수受·상想·행行·식識, 오온五蘊을
갖춘 존재이지요. 그러나 집착으로 인해 오취온五取蘊
이 되어버려 내내 고苦를 겪을 수밖에 없습니다. 그렇

---

28 Manopubbaṅgamā dhammā manoseṭṭhā manomayā
《법구경Dhammapada》, 게송 1, 2.

74

다면 사람이 사람인 도리는 무엇일까요? 인간은 안眼·이耳·비鼻·설舌·신身·의意, 육근六根을 갖추고 있습니다. 인간은 축생과 달리 이 여섯 감각기능 중에 특히 의意가 가장 발달하여, 부처님이 가르치신 담마를 알 수 있는 존재입니다. 담마 덕분에 인간은 해탈·열반할 가능성을 가진 존재가 되었습니다. 사람이 사람인 도리 역시 담마를 알고 해탈·열반의 길을 가는 데 있지 않겠습니까!

담마로 사람다운 사람 되다

사람은 한마디로 말하면 지적知的 동물입니다. 동물은 동물인데 지적인 동물입니다. 지知에 중점을 두고 보면 사람은 동물이 아닙니다. 사람은 지知이고, 지知

의 가능성이고, 지혜智慧의 진행형입니다. 사람은 지知를 가지고 지혜를 개발할 수 있는 존재이고 또 사람살이는 지혜를 발전시키는 과정입니다. 지혜가 발전되고 있는 것이 사람이라는 겁니다. 이것이 불교 인간관의 특색입니다. 인간은 지적으로 온갖 가능성을 다 갖추고 있는 존재입니다. 그 가능성을 바르게 개발하면 아라한이 됩니다. 그 가능성을 제대로 개발시키지 못하면 짐승 수준에 머물고 맙니다. 사람은 발전할 수 있는 존재, 특히 지혜가 발전할 수 있는 존재, 즉 향상할 수 있는 존재입니다. 이것이 사람과 축생이 구별되는 결정적인 측면입니다.

이처럼 부처님은 사람이 갖추고 있는 기능들 가운데 담마를 알 수 있는 이 기능 하나를 인간의 특색 내지는 사람됨의 핵심으로 보셨습니다. 여기서 불교가 시작됩니다. 사람은 동물이되 담마를 알 수 있는 동물입니다. 담마를 알 수 있는 의意, 사람에게서 의를 빼면 사람이라 할 게 없습니다. 부처님은 '담마를 체계적으로 잘 설하기만 하면, 사람이 능히 그 담마를 수용하고 이해하고 나아가 실천할 수 있다!'고 보셨습니다. 부처님은 담마를 가르치면 실천해 낼 수 있는 존재로 사람을 규정하시고, 그 기대 하니로 사람을 대상으로 담마를 설하신 겁니다.

인류가 단지 살아남기 위해서 몸부림치며 산다면, 이 세상은 탐·진·치, 삼독三毒이 소용돌이치는 무대가 됩니다. 인간사 모든 일들이 생존만을 위한 것이라면 참 딱하고 비참한 일입니다. 하지만 인간이 해탈·열반하기 위해서는 업을 통하는 길밖에 없습니다. 이 업의 무대는 인간이 해탈·열반하기 위한 장치일 수도 있습니다. 몸으로 짓는 업[身業], 입으로 짓는 업[口業], 뜻으로 짓는 업[意業], 삼업三業을 잘 다스려 선업善業을 쌓도록 해야 한다는 말입니다. 우리가 인간의 본분을 깨닫지 못하고 동물적 생존 욕구에만 끄달린다면 인간 세상을 사는 아무런 의미가 없습니다. '털 빠진 원숭이'로 태어났다 죽었다 하는 건 의미가 없습니다. 인간은 업 짓는 주체요, 그 업력은 우주를 좌우할 수 있는 굉장한 힘입니다. 그런데 그런 힘을 가진 존재가 만날 털 빠진 원숭이로 살아선 안 될 것 아니냐, 이 말입니다.

바로 이런 사실을 깨우치도록 인간 존재를 각성시킬 필요성 때문에 부처님이 나오신 것입니다. 부처님은 '사람은 동물처럼 살아남으려고 쫓고 쫓기는 삶을 사는 존재가 아니다' 하십니다. 우리에게 사람다운 사람의 의미를 새롭게 가르쳐주시기 위해서 부처님이 이 세상에 나오신 겁니다. 우리가 부처님께 만날 '부자 되게 해주세요, 복 많이 받게 해주세요' 하고 기도하는 건 그분이 오신 의미를 완전히 거꾸로 뒤집는 겁니다. 그렇게 기도하는 건 뭐 동물적 욕구 아닙니까? 그런 존재 모양새를 지속하고 있어서는 우리의 삶도 이 세상도 아무 의미가 없습니다.

우주에 인간이 출현한 것은 우주가 인간 농사를 짓는 것인데, 우리가 그런 식으로 산다면 우주는 크게 헛농사 짓는 겁니다. 그래서는 안 되므로 부처님이 나오셔서 담마를 설하십니다. **담마라는 것은 결국 사람도리를 하는 길입니다. 사람이 사람답게 사는 길을 가르쳐 주는 것이 담마입니다.** '생각도 사람답게 하리! 행동도 사람답게 하라! 사람다운 업을 지으라! 축생 업

짓지 말고 사람 업을 지으라!'

불교에서 이상으로 하는 인간상이 아라한입니다. 아라한을 표현하는 말 중에 응공應供이라는 용어가 있습니다. '공양받아 마땅하다'는 뜻입니다. 유사한 맥락에서 삽뿌리사sappurisa라는 말이 있습니다. 진인眞人, 참사람이라는 뜻입니다. 아라한이 공양받아 마땅한 이유도 그분이 참사람이며 사람다운 길을 가시는 분이기 때문입니다. 부처님이 나오셔서 설하신 담마를 제대로 유지 전승하는 역할을 하는 분들이 아라한이고, 그분들의 노력에 의해서 인간이 담마를 알 수 있는 사람으로 새로이 태어나는 것입니다. 인간이 태어날 때는 그야말로 무명無明에 가려서 동물의 상태를 벗어나지 못하지요. 그러나 인간이 담마를 알고 실천하게 됨으로써 진정한 사람으로 재탄생하는 세상이 열리게 됩니다. **사람을 사람답게 만드는 것, 그것이 담마의 목적입니다.**

석가모니 담마를 만난 인연 살린다!

담마의 탄생은 인간사에서뿐만 아니라 우주사적인 의미도 갖습니다. 왜냐하면 담마를 통한 인간의 해탈·열반이야말로 우주에서 가장 중차대한 일이기 때문입니다. 그만큼 인간은 참으로 소중한 존재입니다. 현재의 인류에게 언젠가 종말이 옵니다. 또 어느 세상, 어떤 우주가 오더라도 인간이 있기 마련이고, 인간이 있으면 부처가 나오셔서 담마를 설하시기 마련입니다. 왜? '담마가 있는 인간', 그것이야말로 우주 학교에서 가장 소중하기 때문입니다.

인간이 담마를 아는 능력이 있고 담마를 알고자 하는 한, 종교가 쇠퇴하는 시절이 오더라도 부처의 지혜로써 다듬고 완성된 담마는 쇠하지 않습니다. 담마는 진리에 이르는 길로서 가까이에서도 멀리서도 항상 중생에게 빛을 비춥니다. 진리를 구하는 사람이라면 마땅히 이 담마에 가까이 다가갈 것입니다. 인류가 사라지는 날이면 진리를 설명한 체계인 담마도 사라집니다. 그리고 새로운 성·주·괴·공에 의해서 새로운 인류가 생겨나면 또 새로운 부처가 오셔서, 또 담마를 펴게 되어 있습니다. 그래서 우주법계가 무수히 성·주·괴·공을 하더라도 담마도 무수히 나와서 존속하면서 끊임없이 중생을 진리의 길로 인도하는 것입니다.

이 지구가 머지않아 멸망할 거라는 설이 있지요. 그렇지만 석가모니 부처님 담마가 나와서 아직까지 중생을 본격적으로 제도도 못 했는데 끝장나 버리면 안 되지요. 안 그렇습니까, 여러분? 앞서 말한 《자아따까[本生譚]》에서 보듯이 석가모니 부처님이 실로 오랜 기간을 준비하셔서 담마를 세우셨는데, 그 담마의 덕을 입어서 해탈·열반한 사람이 얼마나 됩니까? 부처님 당시에 천이백 아라한, 그 후에 또 조사 스님까지 합해서 뭐 몇천, 몇만 명 해탈·열반했다 합시다. 하지만 숱한 중생들은 여태 졸업을 못 한 겁니다. 우주의 존재 학교인 사바세계에 들어와서 중생들은 윤회전생을 거듭하면서 도대체 맨날 낙방, 유급만 하고 있습니다. 내 학교에서 졸업생이 도통 안 나온다면 그보다 더 기찬 일이 있겠습니까? 인연이 있어서 부처님 담마를 만나기까지는 했는데 졸업을 못 하고 학교가 그냥 문을 닫아 버린다? 너무 기가 찹니다.

학교 문 닫지 않도록 해야 합니다. 석가모니 부처님과 인연 있는 중생들이 모두 공부하고 졸업해서 석가모니 부처님 담마의 보람을 구현하면, 우주가 환희할 것이고 부처님이 우리를 정말 귀하게 생각하실 겁니다. 그렇게 해야 하지 않겠습니까? 그러려면 여러분, 지금부터 이 우주 학교에서 부처님 담마를 공부하겠다는 마음가짐을 새롭게 다지고 부지런히 정진해야 합니다.

인생이란 게 경험 아닙니까? 바야흐로 현재 인류는 전 세계에 걸쳐 경험의 질이 근본적으로 변화하는 시기를 맞았다고 하겠습니다. 그렇게 보면, 부처님 담마 전개의 변곡점에서 살고 있는 우리는 그 이전의 사람들과는 외양만 같지, 전혀 다른 종류의 경험을 하는 것입니다. 새 인류이고, 새 인종입니다. 이런 엄청난 변화의 기회를 자기 삶에 구현시키지 못한다면 인생 헛사는 거라고 할 수 있습니다.

　사실 저는 요즈음 주목받는 인공지능 AI를 예사롭게 생각했어요. 그냥 편리한 도구, 정보를 제공해 주고, 우리가 기억 못 하는 데이터, 그것도 광범위한 데이터를 수장하고 있으니까 여러 가지로 유능하고 똑똑한 도우미 정도로 생각을 했어요. 그런데 'AI는 도구로서의 면도 있지만 차라리 행위자다, 행위를 하는 자다.' AI는 여러 가지로 스스로 생각도 하고, 문제를 만들고, 문제 해결도 하는 대단히 놀라운 기능을 하고 있다고 그래요.[29] AI는 이제 막 시작한 형국이라 그 속도는 물론 변화의 폭과 깊이가 엄청나서 앞으로 이게

---

29 유발 하라리, 《넥서스》, 김영사(2024) 참조.

어디로 질주해 갈지를 도저히 가늠할 수 없지요. AI는 선한 역할도 할 수 있고, 아주 고약하게, 어떻게 보면 인류의 파멸을 가져올 가능성까지도 다분히 잉태하고 있다고 하겠습니다.

인공지능은 고도로 발달하고 있고, 앞으로 어디까지 발달할지도 도저히 가늠할 수 없고 어디로 튈지도 모르는 그러한 것이지요. 그러나 굉장히 급속하게 변화하고 있는 AI를 놓고 우리가 이 마당에 뭘 이야기할 수 있을까요. 처음에는 인간이 만들었는데 이제 인간의 컨트롤 범위를 벗어나고 있다고 하는 것은 확실한 것 같습니다. 이런 현상은 처음 겪는 일이고 어떻게 대해야 할지 모르니까 그럴 때는 일단 조심할 수밖에 없지요. 그런 초유의 일을 대하는 인간의 자세는 결국 조심하는 길밖에 없는 거지요.

이런 시대에 너나없이 무턱대고 과학, 물질 등으로 달려갈 때 불교는 거기서 한 발 빼고 좀 고즈넉한 태도로 한번 지켜보자고요. 우리가 부처님 가르침을 제대로 이해하고 실천하고 있느냐? 이걸 생각할 때라 이 말이지요. 우리가 힘써야 하는 것은 탐·진·치를 멸하는 일입니다. 물질주의가 팽배하고 과학기술이 기승을 부리는 시대에 우리는 오히려 근본불교의 정신으로 돌아가야 합니다. 그리하여 사물을 좀 더 숙고하고, 숙고하다가 명상도 하고, 명상에서 보는 눈을 가지고 세상을 보면 그냥 보는 거와는 전혀 달라지거든요.

　그래서 사성제四聖諦, 팔정도八正道, 십이연기十二緣起 같은 핵심적인 가르침부터 좀 더 우리가 알고 이해하도록 노력해야 합니다. 향후 부처님 담마가 상승하도록 노력하는 것은 오늘을 사는 우리의 책임입니다. 그런 점에서 우리는 부처님 담마를 공부하는 자세를 새롭게 가다듬어야 하겠습니다.

가령 지금 미물이라면 석가모니 부처님 담마와 인연이 닿기 어려울 겁니다. 아마도 몸을 수없이 바꾸어 언젠가 사람 몸 받아 공부해야 담마를 이루게 될 것입니다. 사람이 죽어 축생 몸을 받아 사람 언저리를 도는 가까운 인연도 있겠지만, 저 미물처럼 아주 인연이 먼 중생은 사람 몸 받으려면 시간이 많이 걸릴 겁니다. 불교의 시각으로 보면, 동물도 윤회하다가 언젠가 사람 몸 받아 공부해서 해탈하는 계열입니다. 그래서 살생하지 말라는 것 아닙니까? 아무리 보잘것없는 미물일지라도 언젠가는 해탈·열반할 존재들이라는 겁니다.

근본불교를 추구하는 불자로서 결연히 다짐하는 각성된 자세를 가져야 할 것입니다. '석가모니 부처님 담마 만난 인연을 최대한 살리겠다! 기필코 해탈·열반을 이루어 내겠다!'. 우리는 석가모니 부처님 담마가 존속하는 겁에 인간 몸을 받았습니다. '부처님 담마를 만난 인간'이라는 바로 이 계기, 아주 짧은 이 계기가 참으로 중요합니다. 실은 이보다 더 중요한 일이 있을 수 없습니다. 참으로 우리 인생 전부를 걸 계기입니다. 이 계기를 만난 이번 생을 우리가 한 번 짬지게 살아 보자는 겁니다. 여러분, 부디 담마의 참 소식을 접하고 그리하여 이 '우주의 존재 학교'를 졸업해 마치도록 착실히 공부해 나아갑시다! ✳

━━━━ 말한이 **활성** 스님

1938년 출생. 1975년 통도사 경봉 스님 문하에 출가.
통도사 극락암 아란야, 해인사, 봉암사, 태백산 동암, 축서사 등지에서
수행정진. 현재 지리산 토굴에서 정진 중. 〈고요한소리〉 회주

━━━━ 엮은이 **김용호** 박사

1957년 출생. 전 성공회대학교 문화대학원 교수 (문화비평, 문화철학).
〈고요한소리〉 이사

───── 〈고요한소리〉는

◦ 붓다의 불교, 붓다 당신의 불교를 발굴, 궁구, 실천, 선양하는 것을 목적으로 설립되었습니다.

◦ 〈고요한소리〉 회주 활성스님의 법문을 '소리' 문고로 엮어 발행하고 있습니다.

◦ 1987년 창립 이래 스리랑카의 불자출판협회BPS에서 간행한 훌륭한 불서 및 논문들을 국내에 번역 소개하고 있습니다.

◦ 이 작은 책자는 근본불교를 중심으로 불교철학·심리학·수행법 등 실생활과 연관된 다양한 분야의 문제를 다루는 연간물連刊物입니다. 이 책들은 실천불교의 진수로서, 불법을 가깝게 하려는 분이나 좀 더 깊이 수행해보고자 하는 분에게 많은 도움이 될 것입니다.

◦ 이 책의 출판 비용은 뜻을 같이하는 회원들이 보내주시는 회비로 충당되며, 판매 비용은 전액 빠알리 경전의 역경과 그 준비 사업을 위한 기금으로 적립됩니다. 출판 비용과 기금 조성에 도움 주신 회원님들께 감사드리며 〈고요한소리〉 모임에 새로이 동참하실 회원을 기다리고 있습니다.

◦ 〈고요한소리〉 책은 고요한소리 유튜브(https://www.youtube.com/c/고요한소리)와 리디북스RIDIBOOKS를 통해 들으실 수 있습니다.

◦ 카카오톡 채널(https://pf.kakao.com/_XIvCK)을 친구 등록 하시면 고요한편지 등 〈고요한소리〉의 다양한 소식을 받으실 수 있습니다.

∘ 〈고요한소리〉 홈페이지 안내

  – 한글: http://www.calmvoice.org/

  – 영문: http://www.calmvoice.org/eng/

∘ 〈고요한소리〉 회원으로 가입하시려면 이름, 전화번호, 우편물 받을 주소, e-mail 주소를 〈고요한소리〉 서울 사무실에 알려주십시오.
  (전화: 02-739-6328, 02-725-3408)

∘ 회원에게는 〈고요한소리〉에서 출간하는 도서를 보내드리고, 법회나 모임·행사 등 활동 소식을 전해드립니다.

∘ 회비, 후원금, 책값 등을 보내실 계좌는 아래와 같습니다.

국민은행	006-01-0689-346
우리은행	004-007718-01-001
농협	032-01-175056
우체국	010579-01-002831
예금주	**(사)고요한소리**

——— 마음을 맑게 하는 〈고요한소리〉 도서

금구의 말씀 시리즈

하나	염신경念身經
둘	초전법륜경初轉法輪經
	초전법륜경初轉法輪經 (확대본)
	초전법륜경初轉法輪經 (독송본)

소리 시리즈

하나	지식과 지혜
둘	소리 빗질, 마음 빗질
셋	불교의 시작과 끝, 사성제 – 四聖諦의 짜임새
넷	지금·여기 챙기기
다섯	연기법으로 짓는 복 농사
여섯	참선과 중도
일곱	참선과 팔정도
여덟	중도, 이 시대의 길
아홉	오계와 팔정도
열	과학과 불법의 융합
열하나	부처님 생애 이야기
열둘	진·선·미와 탐·진·치
열셋	우리 시대의 삼보三寶

법륜 시리즈

보리수잎 시리즈

붓다의 고귀한 길 따라 시리즈

단행본

소리·스물아홉

담마法와 우주 학교

초판 1쇄 발행 2025년 9월 20일

말한이   활성
엮은이   김용호
펴낸이   하주락·변영섭
펴낸곳   (사)고요한소리

등록번호   제1-879호 1989. 2. 18.
주소   서울시 종로구 인사동길 47-5 (우 03145)
연락처   전화 02-739-6328 팩스 02-723-9804
            부산지부 051-513-6650 대구지부 053-755-6035
            대전지부 042-488-1689 광주지부 02-725-3408
            제천 충북지부 010-9068-8662
홈페이지   www.calmvoice.org
이메일   calmvs@hanmail.net
ISBN   979-11-91224-69-6

            값 1,000원